Andreas Nicht
Dirk Purz

Ich brauche meine Zeit –
endlich leben

Gedanken zu Trauer,
Tod und Leben

Luther-Verlag

Bibliographische Information der Deutschen Nationalbibliothek
Die Deutsche Nationalbibliothek verzeichnet diese Publikation
in der Deutschen Nationalbibliographie;
detaillierte bibliographische Daten sind im Internet
über http://dnb.d-nb.de abrufbar.
ISBN: 978-3-7858-0755-2

Umwelthinweis:
Dieses Buch wurde auf chlorfrei gebleichtem Papier gedruckt.
© Luther-Verlag, Bielefeld 2019

Umschlaggestaltung und Satz: Luther-Verlag GmbH, Bielefeld
Druck und Bindung: Beltz Bad Langensalza GmbH, Bad Langensalza
Printed in Germany

Einleitung

Ein Buch zum Thema „Trauer" kann nur ein Buch
über das begrenzte und endliche Leben sein.

Ein Buch über das „Trauern" kann nur kurze Texte haben
und muss in den Fragmenten sprechen,
die der Trauer ensprechen.

Ein Buch für „Trauernde" braucht reale Fotografie,
weil diese echte und ehrliche Bilder zeigt
und nicht vertröstet.

Ein Buch zum Thema „Trauer" kann nur ein Versuch
und eine Suche sein.

Ein Buch über das „Trauern" darf irritieren, weil der Tod
das Leben stört.

Andreas Nicht und Dirk Purz

Ich wollte es nicht wahrhaben

ES   hatte sich angekündigt.
      Wir wollten es nicht wahrhaben.
      das zieht vorbei, es trifft uns nicht.

ES   ging sehr schnell, zu schnell.
      Des Lebens Wellen schlugen über uns zusammen.
      In mir klingt noch das Rauschen des tobenden Lebens.

      Jetzt haben sich die Wogen geglättet.
      Das Leben plätschert vor sich hin.

ES   ist mir fremd geworden,
      obwohl mir alles bekannt und vertraut ist.

Tod ist ein schwieriges Wort.
Wir wissen, was es heißt,
begreifen aber nicht,
was es bedeutet.

Monika Maron

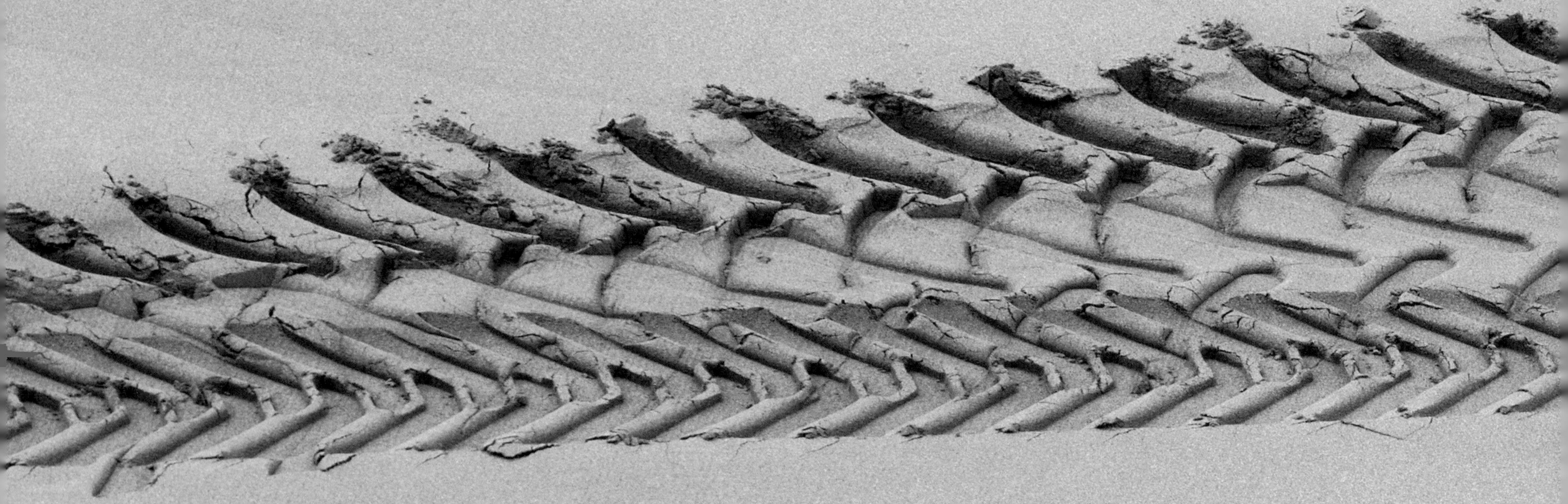

Das große ES

Es hat lange gedauert, bis ich in der Lage war,
das Wort „TOD" auszusprechen.

Das Gleiche gilt für all die anderen schlimmen Worte.
Krebs, Herzinfakt, Tumor, Demenz, Schlaganfall, Alzheimer,
Operation, Sterben ...

Alles passt in ES hinein.
Solange es ES gibt, hat ES keine Realität,
kann die Wirklichkeit verdrängt, verschoben, verleugnet werden.

Das große ES schützt, es ermöglicht die Annäherung.
Ich konnte die Dauer bestimmen, die ich brauchte,
bis ich die Wahrheit, das Sterben, den Tod aussprechen konnte.

Jetzt bin ich allein

Erst einmal weitermachen!

Es wird anders – aber wie?

Ich brauche meine Zeit.

Bitte keine Vertröstungen.

Das Karussell des Lebens

Am Tag deiner Geburt wurdest du hineingesetzt
    in das Karussell des Lebens.
Gefragt hat dich keiner, ob du wolltest oder nicht.
Du wurdest einfach hineingesetzt.

Jetzt drehst du dich mit.
Manchmal dreht es sich dir zu schnell.
Du möchtest mehr Zeit haben für Menschen,
    die dir begegnen.
Wenn du die Liebe triffst, möchtest du das Lebenskarussell anhalten,
    damit sie bei dir bleibt.
Wenn Probleme auftauchen,
    würdest du es manchmal gerne weiterdrehen.

Es begegnen dir Ärger und Zufriedenheit,
Leidenschaft und Langeweile,   Krankheit und Gesundheit,
Freude und Kummer,   Ungewissheit und Gewissheit,
Böses und Gutes,   Hoffnungslosigkeit und Zuversicht,
Angst und Mut,   Mangel und Überfluss,
Hektik und Muße,   Sonne und Regen.

Gott begegnet dir auf deinem Lebenskarussell,
manchmal unmittelbar,
manchmal in Erzählungen,
in der Natur,
in der Begegnung mit anderen Menschen ...

Du begegnest dem Tod,
manchmal kommt er dir sehr nahe.
Irgendwann holt er dich
aus dem Karussell des Lebens
und zeigt dir den Weg
in eine andere Dimension.

Durchkreuzt

Alles durchgeplant
von Anfang bis Ende
Ausbildung
Karriere
Familienplanung
Lebensabendgestaltung

Gut eingerichtet im Leben
für alles eine gute Versicherung
auf alle Unwägbarkeit vorbereitet

Und dann

alle Pläne durchkreuzt
alle Lebensträume zerplatzt
die gesamte Lebensplanung zerstört
das Leben in tausend Stücke zerbroch

Trauern dürfen

Die Wut rauslassen und rausschreien dürfen,
die Angst aussprechen können,
den Zweifeln Raum geben dürfen,
die Verzweiflung ausleben.

Ernst genommen werden,
nicht einfach beschwichtigt werden,
sich nicht anhören müssen:
„die Zeit heilt alle Wunden",
„keine Angst, es wird schon wieder"
und
„alles braucht seine Zeit".

Erinnern dürfen,
alles sagen können,
Zuhörerinnen, Zuhörer finden,
das Gute nicht schlecht reden müssen,
das Schlechte nicht gut reden müssen,
Verletzungen loswerden.

Den eigenen Weg der Trauer finden,
seltsam sein dürfen,
schwierig sein dürfen,
ablehnend sein dürfen,
anlehnungsbedürftig sein dürfen,
still sein dürfen,
laut sein dürfen.

Trauern dürfen
auf die eigene Art.

Laut schreien

Lass deine Wut nicht schlummern
lass sie raus
schrei
tritt gegen Wände
stampf auf den Boden
schlag gegen einen Boxsack

Lass deine Wut nicht zu einem Berg werden
der dich erdrückt
verschweige sie nicht aus Scham
oder falscher Rücksichtnahme auf andere

Schrei deine Wut Gott entgegen
mit aller Kraft
und allen Worten
die in dir sind

Lass sie raus
Gott hält das aus

Wir werden nicht gefragt

Wir werden nicht gefragt,
wann es uns recht ist,
Abschied zu nehmen
von einem geliebten Menschen.

Wir werden nicht gefragt,
ob es uns recht ist,
wenn wir
oder Menschen, die wir lieben,
krank werden und leiden.

Du wurdest nicht gefragt,
ob es dir jetzt recht war,
von einem geliebten Menschen
Abschied zu nehmen.

Es geschah einfach.

Aber in diesem Geschehen
bist du nicht allein,
deine Freunde
und die Menschen,
denen du wichtig bist,
denken an dich.

Es liegt nicht bei uns

Es liegt nicht bei mir, zu bestimmen, wann und wo ich geboren werde,
es liegt nicht bei mir, zu bestimmen, wann und wo ich sterben werde.
Es liegt nicht bei mir, zu bestimmen, wie lange ich leben werde.
Es liegt nicht bei mir, zu bestimmen, unter welchen allgemeinen Bedingungen ich lebe.
Es liegt bei mir, zu bestimmen, wie ich mein Leben gestalte.

Es liegt nicht bei uns, zu bestimmen, wann wir geboren werden,
es liegt nicht bei uns, zu bestimmen, wann wir sterben werden.
Es liegt nicht bei uns, zu bestimmen, wann wir uns kennenlernen.
Es liegt nicht nur bei uns, wann wir uns trennen werden.
Es liegt bei uns, zu bestimmen, wie wir zusammen leben werden.

Es lag nicht bei uns, zu bestimmen, wann wir geboren wurden,
es lag nicht bei uns, zu bestimmen, wann wir sterben.
Es lag nicht bei uns, zu bestimmen, dass wir uns kennenlernten.
Es lag nicht bei uns, dass wir nun getrennt wurden.
Es lag bei uns, zu bestimmen, wie wir zusammen lebten.

Erstarrung

Erstarrt bin ich
eingefroren
wie tot
entscheidungsunfähig

alles ist unwirklich
unfassbar
unbegreiflich

ich fühle mich eingeschlossen
wie in einem Kokon

alles gleitet an mir vorbei
die alltäglichen Arbeiten erledige ich
wie in Trance

nichts geht mehr

Zurückgezogen

Zurückgezogen
ins Schneckenhaus

eingeigelt
die Stacheln ausgefahren

abgeschottet
allein sein wollen

Kontakte abgebrochen
ausgestreckte Hände ausgeschlagen

verbittert
enttäuscht

nicht mehr leben wollen

Einsam

allein übriggeblieben
keinen Gesprächspartner haben
um Erinnerungen auszutauschen

den Anschluss verloren
nicht mehr aktuell sein
nicht mehr mitreden können
auf der Strecke geblieben

einsam sein

Erlösung?
(oder auch „Im Zwiespalt")

Die Diagnose
niederschmetternd

Langes Leid
vorhergesagt

Und dann
der Verfall
die Schmerzen
die Verzweiflung
die Hoffnungslosigkeit

Hilflos
angewiesen sein auf andere
ausgeliefert

Die andere Seite:
Immer da sein müssen
keine Zeit für sich haben
keine Perspektive
ausgebrannt
leer

Und dann
das Ende

Erlösung für beide

Erleichterung

Und dennoch
die Lücke bleibt

Erinnerungen finden
in das eigene Leben zurückkehren

Erinnern tut weh.
Erinnerung ist schmerzhaft, schemenhaft.

Vorsichtig sich herantasten.
Fragen, was mir guttut.
Wie fühlt es sich an?

Erinnern rückt in die Ferne.
Erinnerung ist ein Abspeichern.

Alles bleibt, nichts geht verloren.

Jetzt kann ich wieder losgehen.

Du hast gerne ...

Du hast gerne Krimis gelesen, nicht die bluttriefenden, reißerischen,
nein, die literarischen, anspruchsvollen.

Du hast gern im Garten gearbeitet,
Rasen gemäht, Hecke geschnitten, Blumen gepflegt.

Du hast gern mit Holz gearbeitet,
Puppenstuben restauriert, Kleinteile mit der Dekupiersäge gesägt,
abstruse Skulpturen gefertigt.

Du bist gerne in Museen gegangen,
hast dir Bilder von Künstlern und Künstlerinnen angesehen,
die sich in ihrer Kunst mit dem Leben auseinandersetzten.

Du bist gerne mit Menschen zusammen gewesen,
hast mit ihnen gesprochen, gelacht, gearbeitet.

Du hast gerne Weißwein getrunken, gut gegessen,
du hast gerne gekocht und gebacken.

Du hast gerne in Buchhandlungen, Trödelläden,
Spielzeugläden und Antiquariaten gestöbert,
hast Autos und Bären gesammelt, manchmal auch Engel, Krippen und Kaufläden.

Du hast gerne gesungen und gerne Doppelkopf gespielt,
beides von Herzen, wenn auch nicht sehr schön oder besonders gut.

Du hast gerne ...

Was sein wird

Verblassende Erinnerung,
Ansammlungen von Gegenständen,
von denen manches bleibt,
anderes in den Müll kommt?

Ein Grab auf einem Friedhof,
eine Urne in einem Kolumbarium,
ein Platz im Meer,
Asche, vom Winde verweht?

Ein Weiterleben in Kindern und Enkelkindern,
in Büchern und Fotos verwahrt werden,
in den Kreislauf der Natur eingehen?

Ein Platz bei Gott,
ein Wiedersehen mit liebgewordenen Menschen
...?

Im Café

Erledigungen gemacht
nicht sofort nach Hause gegangen
mich aufgerafft
ins Café gegangen
und dann

ich

allein am Tisch

Um mich herum   Im Gespräch
Paare   beim Chatten
Familien   beim Schweigen
Männergruppen
Frauengruppen   Beim Flirten
Jugendliche   beim Streit
                       in Gleichgültigkeit

                       Ich
                       allein am Tisch

Irgendwann

Irgendwann bleibt auch von mir nur noch –
eine Inschrift auf einem Grabstein,
eine Unterschrift unter einem Brief,
ein Ausdruck eines Zeitschriftenartikels,
ein Abdruck auf einem Bild,
eine Sequenz auf einem Videofilm,
Postings in sozialen Netzwerken,
der Hauch einer Erinnerung von Freunden und Bekannten.

Irgendwann bin auch ich nur noch –
ein Gedanke Gottes,
der von ihm ausgegangen ist,
sich eine Zeitlang selbstständig auf der Erde bewegt hat
und einmal zu einem nicht festzumachenden Zeitpunkt
zu ihm zurückkehrt,
um bei ihm zu bleiben für alle Zeit.

Erinnerungskultur

Ich nehme mir die Bilder vor
die wir gemacht haben
sortiere
gehe die mir wichtigen Erlebnisse durch
wähle die zugehörigen Bilder aus
lege ein Album an
schreibe meine Gedanken dazu

Ich nehme mir die ausgemusterten Gegenstände vor
sortiere
gehe die mir wichtigen Erinnerungen durch
packe sie in eine Kiste
füge meine Gedanken dazu

Immer mal wieder gehe ich zum Grab
lege einen kleinen Stein ab
hin und wieder Blumen

halte inne
halte die Erinnerungen wach

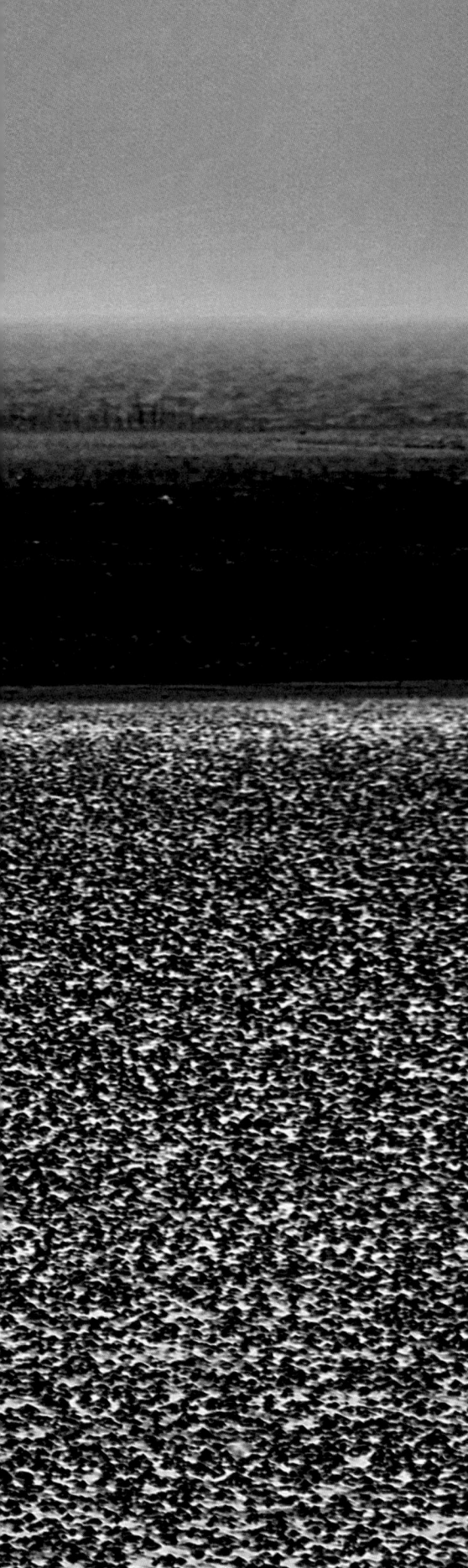

Jetzt, wo ich um einen geliebten Menschen trauere

Jetzt, wo ich um einen geliebten Menschen trauere
wünsche ich mir Menschen,
die mir nicht ausweichen.
Die mir jetzt zulächeln
und mir jetzt die Hand reichen,
wenn ich mich verlassen fühle.

Menschen,
die mich immer noch besuchen,
obwohl sie Angst haben, etwas Falsches zu sagen.

Menschen,
die mir erlauben,
von meinem Toten zu sprechen.

Ich möchte meine Erinnerungen nicht totschweigen.

Ich wünsche mir Menschen,
die mir zuhören,
auch wenn das, was ich zu sagen habe,
sehr schwer zu ertragen ist.

Ich wünsche mir Menschen,
die mich nicht ändern wollen,
sondern geduldig so annehmen,
wie ich jetzt bin.

Menschen,
die mich trösten und mir zusichern,
dass Gott und sie mich nicht verlassen haben.

Hände halten

Die Hände,
die ich in meinen halte
sind faltig geworden
mit den Jahren

Sie erzählen
von harter Arbeit
Enttäuschungen
Glück
Herausforderungen

Sie erzählen auch
von Einsamkeit
Hilflosigkeit
Ausgeliefertsein
nicht mehr selber aktiv
werden können

Ich erzähle von früher
lese alte Geschichten vor
singe alte Lieder
spreche alte Gebete

Manchmal berühren sie mich
die Hände

Kam eine

Kam eine
ließ sich nicht abschrecken
setzte sich hin
hörte zu

verzweifelte nicht
gab keine guten Ratschläge
drängelte nicht
widersprach nicht

umarmte
tröstete
hielt fest
hielt aus

kam eine ...

Bewusst werden

Wie war es und wie wird es sein?
Das besondere Momentum meiner Trauer.

Ich hatte nicht darüber nachgedacht
plötzlich war sie da
eine Unruhe in aller Stille

Was kommt jetzt?
Was willst du tun?
Wie wirst du dein Leben gestalten?

Ich wollte diese Fragen nicht.
Sie wollten sich selbst stellen.

Es war soweit.
Ab jetzt.

Weiterleben

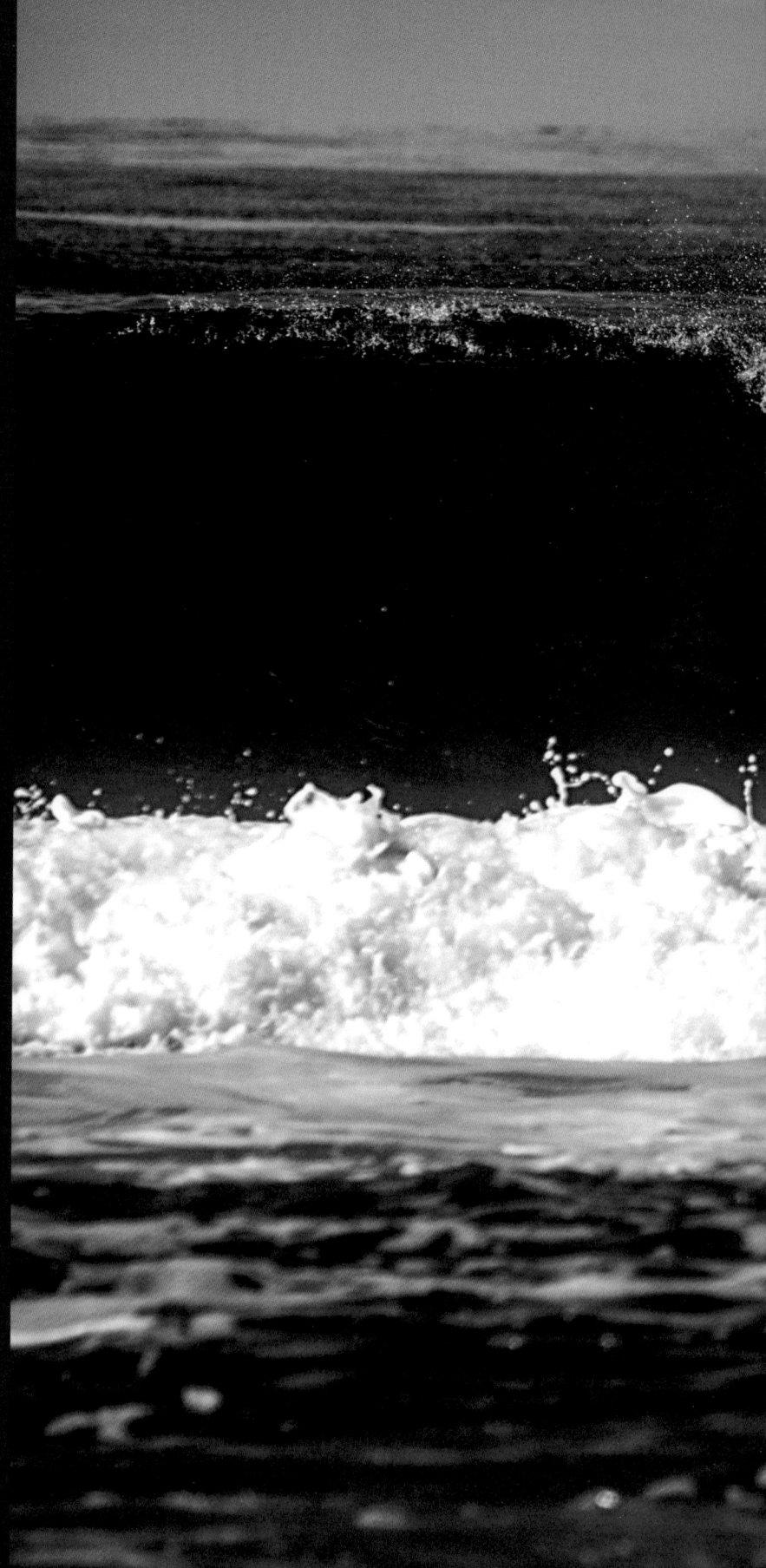

Sie hatten sich aneinander gewöhnt
sie waren keine Freunde großer Worte
deshalb sprachen sie nicht von Liebe

sie nannten es Vertrauen
gut zusammenpassen
füreinander da sein
aufeinander achtgeben
füreinander sorgen
miteinander leben

als einer von beiden starb
blieb der Verlust
es kam das Gefühl von Liebe
und blieb

Manchmal haben wir ...

Manchmal haben wir zusammen gesessen,
wir haben miteinander geredet, uns ausgetauscht,
uns gegenseitig das erzählt, was wir erlebt hatten,
Schönes und weniger Schönes.
Es tat gut, sich auszutauschen.

Manchmal haben wir zusammen gegessen,
den Augenblick genossen, bei gutem Wein und einem leckeren Essen,
in aller Ruhe, mit viel Zeit,
dann war das Leben schön.

Manchmal haben wir zusammen gespielt,
Karten, Gesellschaftsspiele,
wir haben gelacht, waren ungezwungen, haben Spaß gehabt,
lustig und locker waren wir.

Manchmal haben wir uns gestritten,
mal war es grundsätzlicher, mal nur eine Kleinigkeit.
Wir haben dann tagelang nicht miteinander gesprochen.
Das war weniger schön.

Manchmal haben wir uns getröstet,
in den Arm genommen, über den Rücken gestreichelt,
uns gesagt, nimm das Leben und die anderen nicht so schwer,
du bist gut und du kannst gut.
Das tat gut.

Manchmal haben wir ...

Der Platz

Gestern war da einer
saß mit am Tisch
redete
lachte
schwieg
freute sich
ärgerte sich
begleitete im Leben

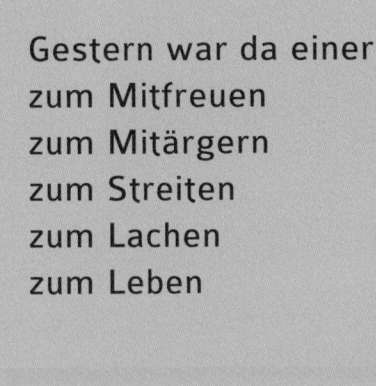

Gestern war da einer
zum Mitfreuen
zum Mitärgern
zum Streiten
zum Lachen
zum Leben

Heute ist der Platz leer
für immer

Ich schließe die Augen
die Erinnerung füllt die Lücke
für immer?

Engel des Trostes

Möge dann, wenn ein geliebter Mensch gestorben ist,
ein Engel neben dir sein,
der dich tröstet,
dich begleitet,
dir Mut macht,
dir Hoffnung gibt
und
die Erinnerung lebendig hält.

Dem Leben wieder Farbe geben

Grau
farblos
eintönig
ist es geworden
das Leben

Mühsam die Routinen erledigen
tun, was getan werden muss
sich unauffällig kleiden
ohne Aufsehen zu erregen
durchs Leben gehen

Langsam wieder mutig werden
von den Routinen abweichen
etwas Besonderes tun
etwas Buntes anziehen
einen bunten Blumenstrauß in die Vase stellen

Im Café sitzen
den Menschen zusehen
am See liegen
den Wellen lauschen
auf der Wiese
bunte Blumen pflücken

Dem Leben leise wieder Farbe geben

Wie ein Blatt

Eine zarte Knospe an einem Baum,
wächst,
entfaltet sich,
wird zu einem hellgrünen Blatt.

Atmet,
arbeitet,
dunkelt,
altert,
verwelkt,
fällt ab,
sinkt zur Erde.

Verwandelt sich,
wird langsam zur Erde,
verschmilzt mit der unendlichen Erde.

Ein Baum zieht seine Nahrung aus der Erde,
erwacht aus seinem Winterschlaf,
bildet junge frische Knospen

Neu anfangen

Immer wieder neu anfangen.

Fragen,
was lasse ich zurück,
was nehme ich mit ?

Nach vorne schauen,
das Schöne erinnern,
das Unangenehme zulassen,
das Leben weiter führen.

Immer wieder neu anfangen.

Am Meer

Wellen kommen,
ziehen sich zurück,
kommen wieder,
verschmelzen miteinander,
verschwinden am Horizont
und
kommen wieder
nach langer Zeit

Ich lasse sie zurück,
komme wieder,
entdecke ihre Spuren

Und wieder, und wieder
kommt Welle für Welle
auf mich zu.

Sich aufmachen

die Einladungen nicht mehr ausschlagen
die ausgestreckte Hand annehmen
das Schneckenhaus verlassen
sich wieder in die Öffentlichkeit wagen
die gute Laune der anderen ertragen
die guten Ratschläge der anderen aushalten
sich zurück ins Leben wagen

Neu werden – anders sein

Von Blume zu Blume flattern,
die Süße des Lebens aufsaugen,
nie genug bekommen.

Seine Eier ablegen,
schwächer werden,
vom Winde verweht
auf der Erde vergehen.

Aus dem Ei zur Raupe werden,
sich durch die Pflanzenwelt fressen,
sich zurückziehen,
in einen Kokon einspinnen.

Sterben.

Die alte Hülle abstreifen,
sich aufmachen,
dem Himmel entgegen.

Wagnis

mal wieder die alltäglichen Dinge tun
putzen
aufräumen
kochen
einkaufen
Musik hören
ein gutes Buch lesen
spazieren gehen
ausgehen
einen Ausflug machen
ein Museum besuchen
ein Konzert anhören
einen Film anschauen
Freunde besuchen

Rückblick

zurückschauen
rückwärtsgewandt sein
rückständig sein
zurückbleiben

innehalten
erinnern
nach innen sehen
inständig handeln

vorwärtsblicken
vorwegdenken
vorausschauend handeln
vorangehen

Auferstehen

Abgestürzt
wie tot
am Boden liegen
am Boden zerstört sein

aufsehen
aufstehen
auferstehen

ins Leben

Lachen lernen

Wieder lachen lernen
lustige Erinnerungen erzählen
der Traurigkeit ins Gesicht lachen
die Widrigkeiten des Lebens verlachen
die trüben Gedanken weglachen
das Leben wichtig nehmen
aber nicht ganz ernst

Über den Wolken (Albatros)

Mit aller Kraft Anlauf genommen
mühsam gestartet
schwebt er jetzt
völlig losgelöst von der Erde
über den Wolken
dem Himmel entgegen

Ich würde gern mitfliegen
wenn ich könnte

Das Leben ist schön

Das Leben lieben
jeden Atemzug genießen
vom Morgen bis zum Ab
ganz wach sein

das Leben atmen
es hören
sehen
riechen
schmecken

Leises
Lautes
Auffälliges
Unauffälliges
wahrnehmen

Begegnungen
stürmische
ruhige
beruhigende
aufregende

Trauer
Freude
Glück
Liebe
Abneigung
empfinden

Zeit
Wartezeit
Trauerzeit
Ferienzeit

Wie eine Tür

Immer wieder im Leben
eine neue Tür,
eine Tür zu einem neuen Lebensabschnitt
Geburt – die Tür ins Leben
Kindergartentür
Schultür
Kirchentür
Standesamttür
Arbeitsplatztür
Pensionstür
Abschiedstür

Zu guter Letzt
der Tod,
eine Tür, durch die wir gehen müssen,
den Zeitpunkt bestimmen wir nicht,
was uns erwartet, bleibt offen

Christen glauben,
hinter dieser letzten Tür
wartet Gott,
er ließ uns ins Leben,
er erwartet uns im Tod
zu einem neuen Leben,
so unvorhersehbar,
wie das erste.

Fluss des Lebens

Ein Fluss.
Ein Bild für das Leben.
Wie ein Fluss durch die Landschaft zieht sich das Leben durch die Zeit.
Wie ein Fluss hat das Leben Anfang und Ende.
Wie bei einem Fluss geht es auch im Leben nicht immer geradeaus,
manchmal denkt man, es geht nicht vorwärts, sondern zurück,
das Ziel kommt nicht näher,
sondern verschwindet wieder aus den Augen.
Manchmal stellen sich Hindernisse in den Weg,
es geht nicht mehr weiter,
das Lebensschiff muss Umwege nehmen.
Wie auf einem Fluss ist unser Leben nicht immer ruhig.
Wie in einem Fluss sich ruhige Stellen,
Strudel und Stromschnellen abwechseln,
wechseln sich in unserem Leben ruhige Phasen
mit Aufregungen und Krisen ab.
Letztlich sucht sich der Fluss immer seinen Weg und findet ihn auch,
durch alle Hindernisse hindurch,
an allen Hindernissen vorbei,
bis an sein Ziel.

Wie unser Lebensschiff
auf dem Fluss des Lebens.

Offen bleiben

Sich kein Bildnis machen
sich nicht endgültig festlegen
weder in Bezug auf Gott
noch in Bezug auf andere Menschen
noch in Bezug auf dich selbst
noch in Bezug auf das Leben

Offen bleiben
neue Erfahrungen sammeln
immer wieder neue Vorstellungen entwickeln
nicht in alten Mustern stecken bleiben

Sich kein Bildnis machen
sich ganz viele Bildnisse machen
damit die einzelnen Bruchstücke
ein großes Bild ergeben
unvollständig, aber erweiterbar

Sich kein Bildnis machen
sich nicht ein Bildnis machen
sich ganz viele Bildnisse machen
von Gott
von dir
von anderen Menschen
vom Leben

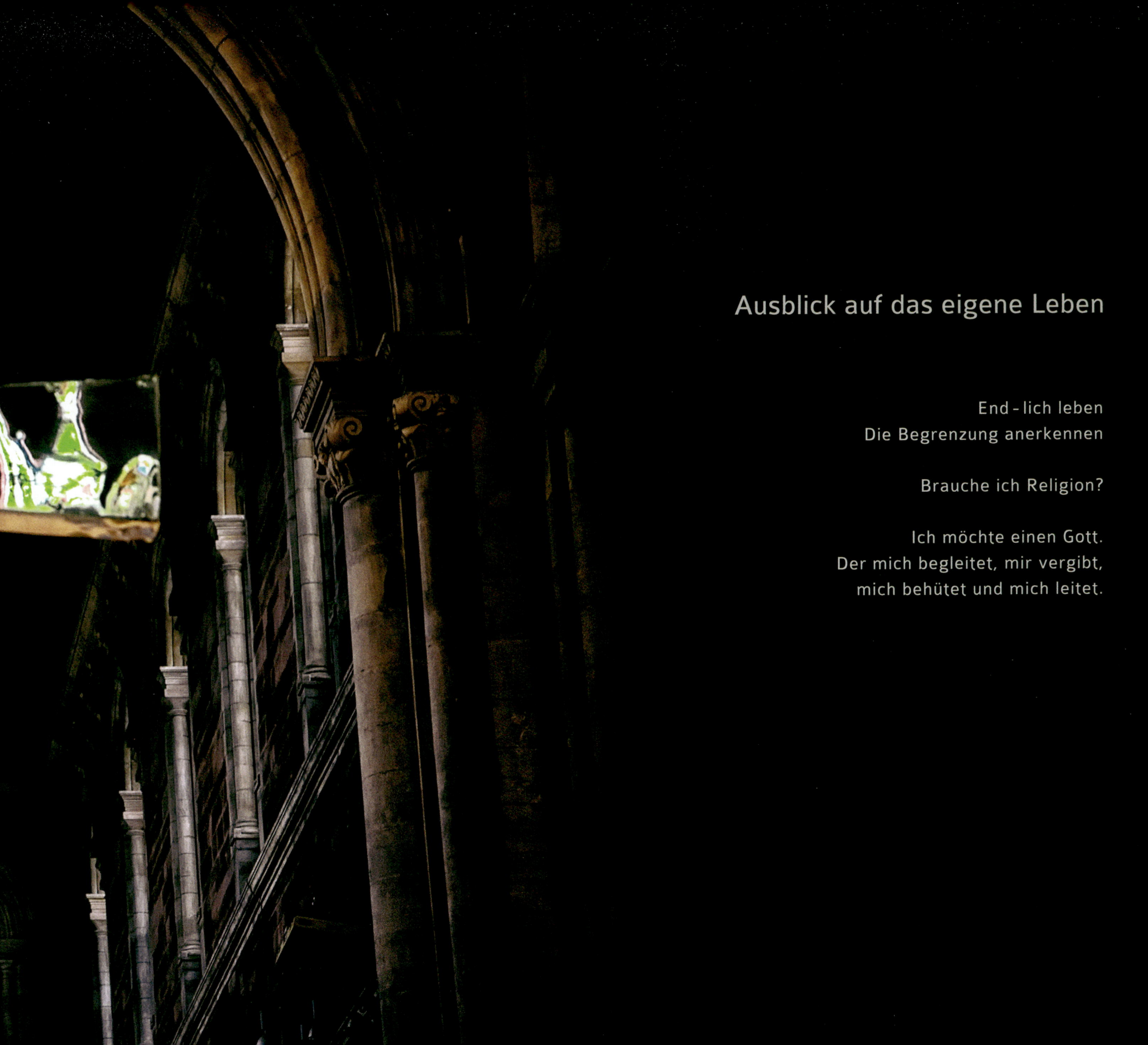

Ausblick auf das eigene Leben

End - lich leben
Die Begrenzung anerkennen

Brauche ich Religion?

Ich möchte einen Gott.
Der mich begleitet, mir vergibt,
mich behütet und mich leitet.

Nachdenkliche Worte eines alternden Menschen

Ich habe gelebt,
ich habe geliebt,
ich habe gehasst,
ich habe verletzt,
ich habe getötet, wenn auch keine Menschen,
ich habe ungewollt Leben zerstört,
ich habe Leben bewahrt,
ich habe Zärtlichkeit gegeben,
ich habe Zärtlichkeit erlebt.

Ich habe geschlagen,
ich habe gestreichelt,
ich habe über die Jahre zusammengerechnet ein kleines Vermögen verdient,
ich habe ein Vermögen ausgegeben,
ich habe die vielen schönen kleinen Dinge des Lebens genossen.

Ich habe gelernt,
ich habe Erfahrungen weitergegeben,
ich habe gelitten,
ich habe Leiden hervorgerufen,
ich habe viel Schönes erlebt und viele intensive Erfahrungen gemacht,
ich habe anderen viele intensive Erfahrungen vermittelt.

Ich habe zugehört, nicht immer, aber doch recht oft.
Ich hatte Zeit für andere, nicht immer, aber doch recht oft.
Meine Lebenskreise haben sich mit anderen überschnitten,
sie haben sich gegenseitig bereichert,
sie haben sich gegenseitig eingeschränkt.
Ich habe gelebt, ich habe geliebt, ich lebe.

Die Autoren

Andreas Nicht

schreibt gerne meditative Texte, die zum Nachdenken auffordern und zum Leben ermuntern. In seiner Zeit als Förderschullehrer und Dozent hat er Menschen dazu angeregt, sich mit dem Leben, dem Tod und der Trauer auseinanderzusetzen.
Er arbeitet als freier Referent für Religionspädagogik.

Dirk Purz

ist leidenschaftlicher Fotograf, der mit seiner Kamera dem Leben ins Gesicht schaut.
Als Pfarrer und Seelsorger hat er viele Menschen auf ihrem Weg durch die Trauer seelsorgerlich begleitet.
Zurzeit arbeitet er als Dozent in der Fortbildung für Lehrerinnen, Lehrer, Pfarrerinnen und Pfarrer.

Foto: Maud Maurell